# Sammlung

# Aufserdeutscher Strafgesetzbücher

in deutscher Übersetzung.

Herausgegeben von den Schriftleitungen
der
**Zeitschrift für die gesamte Strafrechtswissenschaft**
und der
**Mitteilungen der Internationalen Kriminalistischen Vereinigung.**

XXXV.

**Englisches Spionage-Gesetz vom Jahre 1911.**

BERLIN 1912.

**J. Guttentag, Verlagsbuchhandlung,**
G. m. b. H.

# Englisches Spionage-Gesetz

vom Jahre 1911.

Official Secrets Act 1911

(1 and 2 Geo. 5. Ch. 28)

Gesetz Nr. 28 im $\frac{\text{ersten}}{\text{zweiten}}$ Regierungsjahre Georg V.

BERLIN 1912.

**J. Guttentag, Verlagsbuchhandlung,**

G. m. b. H.

# Inhaltsverzeichnis.

# Gesetz, betr. Neuregelung des Staatsgeheimnisgesetzes vom Jahre 1889 nebst dessen Ergänzungen.

§ 1.

1. Wer zu irgendeinem der Staatssicherheit oder den Staatsinteressen schädlichen Zweck:

a) sich irgendeiner im Sinne dieses Gesetzes verbotenen Anlage nähert oder sich in der Nähe aufhält oder solche Anlage betritt, oder

b) Skizzen, Pläne, Modelle oder Notizen sich macht, die vermutlich direkt oder indirekt dem Feinde dienlich sind oder sein können oder die solchem Zwecke zu dienen bestimmt sind, oder

c) irgendeiner andern Person Skizzen, Pläne, Modelle, Gegenstände, Notizen oder andere Dokumente oder Nachrichten, die direkt oder indirekt dem Feinde dienlich sind, sein können oder sein sollen, besorgt oder mitteilt,

hat sich eines Verbrechens schuldig gemacht und wird zu Zuchthaus (penal servitude) nicht unter 3 Jahren und nicht über 7 Jahren verurteilt.

2. Bei einer Strafverfolgung aus diesem Paragraphen ist es nicht erforderlich, daß die Schuld des Täters bezüglich einer bestimmten Handlung erwiesen werde, welche zeigt, daß es sich um eine der Staatssicherheit oder den Staatsinteressen nachteilige Absicht handelte, sondern der Angeklagte kann, obwohl solche Handlung nicht erwiesen wird, doch verurteilt werden, falls aus den Umständen des Falles, aus seinem Betragen oder seinem Charakter erhellt, daß er den Vorsatz hatte, der Staatssicherheit und den Staatsinteressen Schädliches zu begehen. Falls irgendwelche Skizzen, Pläne, Modelle, Gegenstände, Notizen, Dokumente oder Nachrichten, die sich auf eine verbotene Anlage im Sinne dieses Gesetzes beziehen, von einer andern Person als der amtlich dazu befugten angefertigt, verschafft oder mitgeteilt werden, so soll bis zum Beweise des Gegenteils angenommen werden, daß diese Handlung in einer der Staatssicherheit und den Staatsinteressen nachteiligen Absicht geschehen ist.

§ 2.

1. Wer die in seinem Besitz befindlichen oder seiner Obhut anvertrauten Skizzen, Pläne, Modelle, Gegenstände, Dokumente oder Nachrichten, die sich auf eine verbotene Anlage oder auf einen auf dieser Anlage befindlichen Gegenstand beziehen oder dort gebraucht werden, oder die vorliegendem Gesetze zuwider angefertigt oder verschafft sind, oder die ihm vertraulich von einem königlichen Beamten gegeben sind, oder die er in seiner Eigenschaft als derzeitiger oder gewesener königlicher Beamter oder als Person, die im Namen des Königs eine Dienststelle besitzt oder besessen hat:

a) solche Skizzen, Pläne, Modelle, Gegenstände, Notizen, Dokumente oder Nachrichten irgend jemandem mitteilt, außer solchen Personen, die dazu befugt sind, oder denen die Mitteilung zu machen eine im Staatsinteresse liegende Pflicht ist, oder

b) solche Skizzen, Pläne, Modelle, Gegenstände, Notizen, Dokumente oder Nachrichten in seinem Besitz oder Gewahrsam zurückbehält, ohne hierzu berechtigt zu sein, oder sie im Widerspruch mit seiner Pflicht zurückbehält, hat sich eines Vergehens schuldig gemacht.

2. Wer irgendwelche Skizzen, Pläne, Modelle, Gegenstände, Notizen, Dokumente oder Nachrichten empfängt, obwohl er weiß oder zur Zeit des Empfangens triftigen Grund hat anzunehmen, daß ihm diese Skizzen, Pläne, Modelle, Gegenstände, Notizen, Dokumente oder Nachrichten unter Verletzung des vorliegenden Gesetzes ausgeliefert werden, hat sich eines Vergehens schuldig gemacht, falls er nicht beweist, daß diese Mitteilung der Skizzen, Pläne, Modelle, Gegenstände, Notizen, Dokumente oder Nachrichten gegen seinen Willen geschehen ist.

3. Wer sich eines Vergehens im Sinne dieses Paragraphen schuldig gemacht hat, wird zu Gefängnis mit oder ohne Zwangsarbeit bis zu 2 Jahren oder zu einer Geldstrafe oder zu beiden, Gefängnis und Geldstrafe, verurteilt.

§ 3.

In diesem Gesetz bedeutet der Ausdruck „verbotene Anlage“

a) jedes Verteidigungswerk, Arsenal, Fabrik, Werft, Lager Schiff, Telegraphen- oder Signalstation oder jedes königliche Bureau und jedes andere königliche Gebäude oder Grundstück, das zum Bauen, Reparieren, Ausrüsten und Herstellen von Schiffen, von Waffen oder andern Materialien oder Instrumenten für Kriegszwecke dient, oder alle dazugehörigen Pläne oder Dokumente; und

b) jedes nicht königliche Gelände, wo irgendwelche Schiffe, Waffen oder andere Materialien oder Instrumente für Kriegszwecke oder Pläne oder Dokumente, die sich darauf beziehen, durch einen Vertrag mit der Königlichen Regierung oder einer von ihr ermächtigten Person gebaut, repariert oder gelagert werden; und

c) jedes königliche Gelände, das zurzeit durch den Staatssekretär als verbotene Anlage im Sinne dieses Gesetzes bezeichnet ist, weil Mitteilungen über dasselbe oder eine Beschädigung desselben dem Feinde von Nutzen sein könnte; und

d) alle Eisenbahnen, Wege, Straßen oder Kanäle oder andere Verkehrs- und Verbindungsmittel zu Wasser und zu Lande (einschließlich aller Bauwerke, welche Teile derselben bilden oder in Verbindung mit ihnen stehen), sowie alle Orte, an denen sich Gas-, Wasser-, Elektrizitäts- oder andere Werke öffentlichen Charakters, oder alle Orte, wo Schiffe, Waffen oder andere Materialien und Instrumente für Kriegszwecke oder dazu gehörige Pläne oder Dokumente in nichtamtlichem Auftrage gebaut, repariert oder gelagert werden, sofern sie für die betreffende Zeit durch den Staatssekretär als verbotenes Gelände bezeichnet sind, weil Nachrichten darüber oder die Zerstörung oder Beobachtung derselben oder ihre Unterbrechung einem Feinde dienlich sein könnten.

§ 4.

Wer es versucht, eine Straftat im Sinne dieses Gesetzes zu begehen oder wer andere dazu anstiftet oder Beihilfe leistet oder andere zu gewinnen sucht, eine derartige Straftat zu begehen, ist des Verbrechens oder des Vergehens schuldig, je nachdem die vollendete Straftat ein Verbrechen oder Vergehen darstellt, und wird im Falle der Überführung mit denselben Strafen belegt, auch wird gegen ihn in derselben Weise vorgegangen, wie gegen den Täter.

§ 5.

Wer wegen einer Straftat angeklagt ist, die ein Verbrechen im Sinne dieses Gesetzes darstellt, kann, falls die erwiesenen Tatumstände dies begründen, gleichwohl einer Straftat schuldig erklärt werden, die ein Vergehen im Sinne dieses Gesetzes bedeutet.

§ 6.

Wer beim Begehen einer Straftat im Sinne dieses Gesetzes betroffen wird, mag es ein Verbrechen sein oder nicht, oder wer hinreichend verdächtig ist, solche Straftat begangen oder ihre Begehung versucht zu haben oder im Begriffe gewesen zu sein, sie zu begehen, kann in gleicher Weise festgenommen und verhaftet werden, wie jemand, der bei einem Verbrechen betroffen wird.

§ 7.

Wer wissentlich eine Person, von der er weiß oder Grund hat anzunehmen, daß sie eine Straftat im Sinne dieses Gesetzes beabsichtigt oder begangen hat, beherbergt oder wissentlich erlaubt, daß sich derartige Personen auf seinem Grund und Boden und unter seinen Augen treffen oder Versammlungen abhalten, oder wer, nachdem er sie beherbergt hat oder ihnen erlaubt hat, daß sie sich auf seinem Grund und Boden oder unter seinen Augen treffen oder Versammlungen abhalten, geflissentlich sich weigert, einem Polizeivorsteher über seine Kenntnis zur Sache auszusagen, ist des Vergehens schuldig und wird zu Gefängnis mit oder ohne Zwangsarbeit bis zu einem Jahre oder zu einer Geldstrafe oder zu beiden, Gefängnis und Geldstrafe, verurteilt.

§ 8.

Jede Verfolgung einer Straftat im Sinne dieses Gesetzes darf nur auf Anweisung oder mit Zustimmung des Generalstaatsanwalts (Attorney-General) eingeleitet werden.

Gleichwohl kann ein solcher Straftat Beschuldigter festgenommen, oder es kann ein Haftbefehl gegen ihn erlassen und vollstreckt werden, auch kann Beschuldigter in Untersuchungshaft genommen oder gegen Kaution entlassen werden, obwohl die Zustimmung des Attorney-General zur Strafverfolgung noch nicht erteilt ist. Irgendwelche weiteren Maßnahmen dürfen jedoch vor Eintreffen einer solchen Zustimmung gegen den Beschuldigten nicht ergriffen werden.

§ 9.

1. Falls ein Friedensrichter infolge eidlicher Bekundung Grund zur Annahme hat, daß eine Straftat im Sinne dieses Gesetzes begangen worden ist oder begangen werden soll, so darf er einen Haussuchungsbefehl ausstellen, indem er einen Polizeibeamten, dessen Name genannt sein muß, ermächtigt, zu jeder Zeit in das angeführte Gebäude oder Grundstück, wenn nötig mit Gewalt, einzudringen und das Gebäude und das Grundstück, sowie die darauf betroffenen Personen zu durchsuchen und alle Skizzen, Pläne, Modelle, Gegenstände oder Dokumente und ähnliche Sachen oder überhaupt alles, was auf eine im Sinne dieses Gesetzes zu begehende oder schon begangene Straftat irgendwie schließen läßt, an sich zu nehmen.

2. Scheint einem Polizeivorsteher große Eile und im Interesse des Staates schnelles Handeln geboten, so darf er durch einen schriftlichen Befehl jedem Polizeibeamten die gleichen Befugnisse erteilen, wie sie sonst nur ein Friedensrichter durch Erlassen eines Haftbefehls erteilen kann.

§ 10.

1. Dieses Gesetz findet Anwendung auf alle Handlungen, welche Straftaten im Sinne dieses Gesetzes darstellen, wenn sie in irgendeinem Teile des Reiches Seiner Majestät begangen sind, oder wenn sie von britischen Offizieren oder Untertanen anderswo begangen sind.

2. Eine außerhalb der Vereinigten Königreiche begangene Straftat im Sinne dieses Gesetzes darf von jedem zuständigen britischen Ge-

richtshof des Ortes, wo sie verübt ist, oder vom High Court in England oder vom Central-Criminal-Court untersucht, behandelt und abgeurteilt werden, und das Criminal-Jurisdiction-Gesetz von 1802 soll ebenso Anwendung finden, als wenn eine Straftat im Sinne des letzteren Gesetzes begangen worden sei und der Central-Criminal-Court wie auch der High-Court die von diesem Gesetze dem Court of King's Bench übertragene Jurisdictionsbefugnis besäßen.

3. Eine Straftat im Sinne dieses Gesetzes darf von keinem Gerichtshofe of general or quarter sessions, noch von dem Sheriff Court in Schottland, noch von irgendeinem Gerichtshof außerhalb der Vereinigten Königreiche abgeurteilt werden, der nicht das Recht hat über Verbrechen, auf die die höchsten gesetzlich zulässigen Strafen stehen, abzuurteilen.

4. Die Vorschriften des irischen Strafgesetzbuches und der irischen Strafprozeßordnung vom Jahre 1887 finden auf Strafverfahren aus diesem Gesetz keine Anwendung.

### § 11.

Falls vor oder nach Erlaß dieses Gesetzes in irgendeinem von der gesetzgebenden Körperschaft einer britischen Besitzung erlassenen Gesetze Vorschriften enthalten sind, die nach Ansicht Seiner Majestät dieselbe Wirkung haben wie die Vorschriften des vorliegenden Gesetzes, so darf Seine Majestät für jene britische Besitzung die Anwendung des vorliegenden Gesetzes oder Teile desselben für die Zeit des Bestehens jenes Gesetzes aufheben, und jenes Gesetz soll dieselbe Kraft haben, wie das vorliegende.

Die zeitweilige Außerkraftsetzung des vorliegenden Gesetzes oder von Teilen desselben gilt jedoch in irgendeiner britischen Besitzung nicht gegenüber einem königlichen Beamten, der von der Regierung jener Besitzung nicht angestellt ist.

### § 12.

In diesem Gesetz, solange nicht der Zusammenhang etwas anderes ergibt, bedeutet

„Königliche Anlage" jede Anlage, die zu irgendeinem Verwaltungszweig der Regierung der Vereinigten Königreiche oder irgendeiner britischen Besitzung gehört, ob der Platz wirkliches Königliches Eigentum ist oder nicht;

„Attorney-General" der Attorney oder Solicitor General für England; in bezug auf Schottland bedeutet es der Lord Advocate und in bezug auf Irland der Attorney oder Solicitor General für Irland; und falls die Verfolgung von irgendeinem Gerichtshof außerhalb der Vereinigten Königreiche eingeleitet wird, die Person, die dort Attorney-General ist oder welche die gleichen Funktionen wie der Attorney-General in England ausübt.

Ausdrücke, die sich auf „Mitteilen“ oder „Empfangen“ beziehen, bedeuten jegliche Art der Mitteilung oder des Empfangens, ob im ganzen oder nur in Teilen; auch ist es unerheblich, ob die Skizzen, Pläne, Modelle, Gegenstände, Notizen, Dokumente oder Nachrichten ganz oder ob nur ihr wesentlicher Inhalt, ihre Wirkung oder nur eine Beschreibung von ihnen mitgeteilt oder empfangen ist. Die Ausdrücke „sich verschaffen“ oder „zurückbehalten“ von Skizzen, Plänen, Modellen, Gegenständen, Notizen oder Dokumenten, schließen jegliches Kopieren oder Versuche von Kopieren in sich, sowohl einzelner Teile als auch der ganzen Skizzen, Pläne, Modelle, Gegenstände, Notizen oder Dokumente, und der Ausdruck „Mitteilen“ einzelner Skizzen, Pläne, Modelle, Gegenstände, Notizen oder Dokumente schließt das Überbringen oder Übersenden der Skizzen, Pläne, Modelle, Gegenstände, Notizen oder Dokumente in sich.

Der Ausdruck „Dokument“ schließt auch Teile eines solchen in sich.

Der Ausdruck „Modell“ auch Zeichnungen, Muster und Proben.

Der Ausdruck „Skizzen“ jegliche Photographie oder jede Methode, Gegenden oder Sachen darzustellen.

Der Ausdruck „Polizeivorsteher“ jeden Polizeibeamten von solchem oder höherem Range.

Der Ausdruck „Königliches Amt“ schließt in sich jedes Amt oder jede Beschäftigung in oder unter einem Verwaltungszweige der Regierung der Vereinigten Königreiche oder in irgendeiner britischen Besitzung.

Der Ausdruck „Straftat im Sinne dieses Gesetzes“ jede Handlung, Unterlassung oder alles andere, was von diesem Gesetze mit Strafe bedroht wird.

§ 13.

1. Dieses Gesetz soll als Official Secrets Act, 1911 angeführt werden.
2. Das Official Secrets Act, 1889 wird hiermit aufgehoben.

---

Druck von Leonhard Simion Nf. in Berlin SW.

Fortsetzung auf der 3. Umschlagseite.

No. 18. **Die Norwegische Strafgesetzgebung** vom 22. Mai 1902. 1. Militärstrafgesetz. 2. Gerichtliches Verfahren in Militärstrafsachen. 3. Änderungen im Gesetz über das gerichtliche Verfahren in Strafsachen vom 1. Juli 1887. Übersetzt von Professor Dr. A. Teichmann. 2 M. 50 Pf.

No. 19. **Das Portugiesische Strafgesetzbuch.** Übersetzt von F. Zander. 3 M

No. 20. **Allgemeines bürgerl. Strafgesetz für das Königreich Norwegen** vom 22. Mai 1902. Übersetzt von Dr. Ernst Heinrich Rosenfeld, o. ö. Professor und Andreas Urbye, Staatsanwalt in Tromsö (einzeln nicht mehr erhältlich). 2 M. 50 Pf.

No. 21. **Die Ottomanische Strafprozeßordnung,** veröffentlicht auf Irade vom 5 Redscheb 1296 (25. Juni 1879). Übersetzt von W. Padel, zweitem Dragoman der Kaiserlich Deutschen Botschaft in Konstantinopel. 2 M. 50 Pf.

No. 22. **Dänemark.** I. Interimistisches Gesetz vom 1. April 1905 betr. Änderungen der Strafgesetze (Prügelgesetz). II. Verordnung betr. Körperstrafe und Vollziehung. III. Bekanntmachung vom 6. September 1905 betr. die Durchführung der im interimistischen Gesetze vom 1. April enthaltenen Bestimmung, daß Gefängnisstrafe bei gewöhnlicher Kost mit Arbeitszwang verbunden ist. 60 Pf.

No. 23. **Strafgesetzbuch für das Kaiserlich japanische Reich** vom 23. April 1907. Übersetzt von Dr. jur. Shigema Oba, Kaiserlich japanischer Staatsanwalt. 1 M. 50 Pf.

No. 24. **Das neue russische Strafgesetzbuch** (Ugolovnoje Ulozenje). Allerhöchst bestätigt am 22. März 1903. Aus dem Russischen übersetzt von Dr. O. S. Bernstein. 4 M.

No. 25. **Oesterreichischer Gesetzentwurf,** betr. die strafrechtliche Behandlung und den strafrechtlichen Schutz Jugendlicher. 1907. 2 M. 50 Pf.

No. 26. **Spanisches Strafgesetzbuch.** Vom 17. Juni 1870. Übersetzt von Alfredo Hartwig. 3 M.

No. 27. **Neueste Englische Kriminalpolitik.**
1. Children Act, 1908.
2. Prevention of Crime Act, 1908.
3. Probation of Offenders Act, 1907. 2 M.

No. 28. Vorentwurf zu einem **Schweizerischen Strafgesetzbuch.** (April 1908.) 1 M. 50 Pf.

No. 29. Vorentwurf zu einem **Oesterreichischen Strafgesetzbuch.** September 1909.) 2 M.

No. 30. **Das Ungarische Strafgesetzbuch über Verbrechen und Vergehen** (v. Gesetz. Artikel vom Jahre 1878) mit allen Abänderungen und Ergänzungen einschließlich der Ungarischen Strafgesetznovelle (XXXVI. Gesetzartikel vom Jahre 1908 und den bis 1908 ergangenen strafrechtlichen Nebengesetzen. 2 M. 50 Pf.

No. 31. **Japanisches Militär-Strafgesetzbuch** vom 9. April 1908. Gesetzblatt No. 46. — **Japanische Militär-Strafgerichtsordnung** vom 19. Oktober 1898, Gesetzblatt No. 2. Übersetzt von Remosuke Fujisawa, Berlin-Schöneberg. 1 M. 20 Pf.

No. 32. **Vorentwurf zu einem Strafgesetzbuch für das Königreich Serbien.** Nach der amtlichen Ausgabe des Justizministeriums übersetzt und herausgegeben von Zivko Topalovits aus Belgrad und Hans Landsberg aus Berlin. 2 M.

No. 33. **Das Alkoholgesetz in Chile** vom 18. Januar 1902. Übersetzt von Alfredo Hartwig. 1 M.

No. 34. **Das türkische Strafgesetzbuch** vom 9. August 1858 mit Novelle vom 4. April 1911 und den wichtigsten türkischen Strafnebengesetzen. Deutsche Übersetzung nebst Einleitung und Anmerkungen von Dr. jur. Erich Nord.

No. 35. **Englisches Spionage-Gesetz** vom Jahre 1911.

Kolibri 360 GmbH
Ferdinand-Jühlke-Straße 7
99095 Erfurt, Deutschland
produktsicherheit@kolibri360.de